Impressum
Verlag: BABADADA GmbH, Nedderfeld 112 , 22529 Hamburg
Geschäftsführer / Verlagsleitung: Harald Hof
Druck: Books on Demand GmbH, In de Tarpen 42, 22848 Norderstedt

Imprint
Publisher: BABADADA GmbH, Nedderfeld 112 , 22529 Hamburg, Germany
Managing Director / Publishing direction: Harald Hof
Print: Books on Demand GmbH, In de Tarpen 42, 22848 Norderstedt

學校

سکول

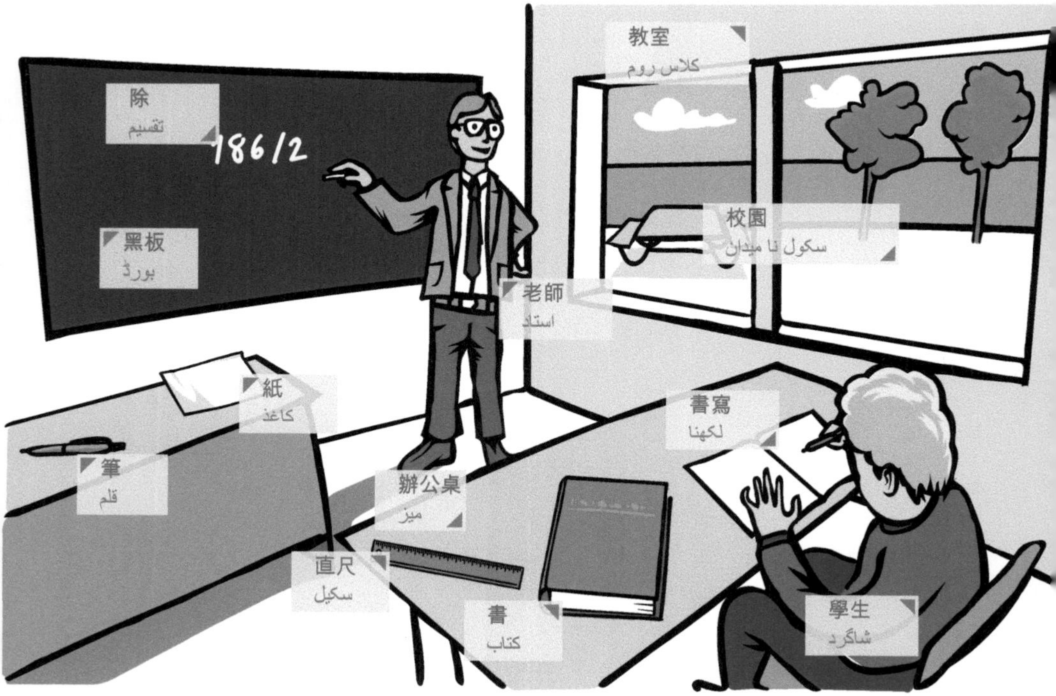

教室
کلاس روم
除
تقسیم
186/2
黑板
بورڈ
校園
سکول نا میدان
老師
استاد
紙
کاغذ
書寫
لکھنا
筆
قلم
辦公桌
میز
直尺
سکیل
書
کتاب
學生
شاگرد

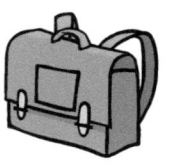

書包

جزدان

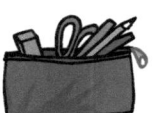

鉛筆盒

پینسل دا ڈبہ

鉛筆

پینسل

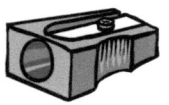

削鉛筆機

پینسل شارپنر

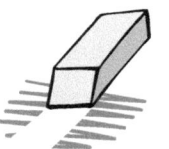

橡皮擦

ربر

畫板

ڈرائنگ پیڈ

圖畫

ڈرائنگ

畫筆

پینٹ برش

顏料盒

پینٹ باکس

剪刀

قینچی

膠水

گلو

練習冊

مشقی کتاب

家庭作業

گھر دا کم

12

數字

عدد

2+2

加

جمع

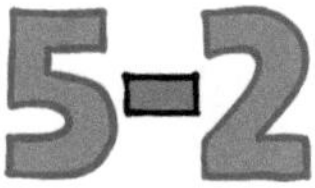

5-2

減

تفریق

2×2

乘

ضرب

計算

کیلکولیٹ

A

字母

خطرہ

ABCDEFG
HIJKLMN
OPQRSTU
VWXYZ

字母表

حروف تہجی

hello

字

لفظ

課文

متن

讀

پڑھنا

粉筆

چاک

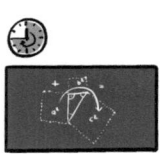

上課

سبق

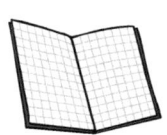

登記

رجسٹر

考試

امتحان

證書

سند

校服

سکول نی وردی

教育

تعلیم

百科全書

انسائیکلوپیڈیا

大學

یونیورسٹی

顯微鏡

مائیکرو سکوپ

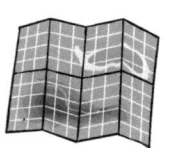

地圖

نقشہ

廢紙簍

کچرے نا ڈبہ

旅行

سفر

外幣兌換處
ایکسچینج دفتر
手提箱
سوٹ کیس
汽車
کار

語言

بولی

是/否

ہاں /نہیں

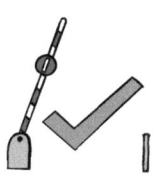

好的

ٹھیک ہے

您好

اسلام و علیکم

翻譯人員

ترجمان

謝謝

شکریہ

……多少錢？

ایہہ کنے نے ؟

我不明白

می سمجھ نئیں رلی

問題

مسئلہ

晚上好！

اسلام و علیکم

早上好！

اسلام و علیکم

晚安！

اللہ حافظ

再見

اللہ نے حوالے

方向

سمت

行李

سامان

包

بیگ

背包

بیک پیک

客人

مہمان

房間

کمرہ

睡袋

سلیپنگ بیگ

帳篷

خیمہ

旅行資訊

سیاح لئی معلومات

海灘

ساحل سمندر

信用卡

کریڈٹ کارڈ

早餐

ناشتہ

午餐

دوپہر نا کھانا

晚餐

رات نا کھانا

票

ٹکٹ

電梯

لفٹ

郵票

مہر

邊界

بارڈر

海關

کسٹمز

大使館

ایمبیسی

簽證

ویزا

護照

پاسپورٹ

交通運送

ٹرانسپورٹ

船
پانی آلا جہاز
飛機
جہاز
消防車
فائر انجن
公車
بس
卡車
ٹرک
汽艇
موٹر بوٹ
汽車
کار
腳踏車

渡輪

فیری

小船

کشتی

機車

موٹر بائیک

警車

پولیس کار

賽車

ریسنگ کار

租車

کرایہ نی گڈ

拼車

کار شئیرنگ

拖車

بریک ڈاؤن ٹرک

垃圾車

ریفیوز ٹرک

馬達

موٹر

汽油

فیول

加油站

پٹرول سٹیشن

交通標識

ٹریفک سائن

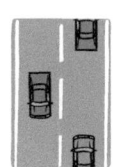

交通

ٹریفک

交通堵塞

ٹریفک جام

停車場

کار پارک

火車站

ریل سٹیشن

軌道

ٹریکس

火車

ریل

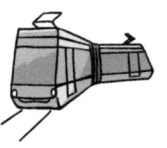

路面電車

ٹرام

客車厢

کیرج

直升機

ہیلی کاپٹر

機場

ائر پورٹ

塔

مینار

乘客

مسافر

集裝箱

کنٹینر

紙板箱

کاٹن

手推車

چھکڑا

籃子

بالٹی

起飛/降落

اڑنا / لہنا

城市

شہر

村莊

پنڈ

市中心

سٹی سینٹر

房子

کھار

CINEMA

電影院 — سینما
廣告 — مشہوری
路燈 — سٹریٹ لیمپ
街道 — گلی
計程車 — ٹیکسی
行人 — پیدل چلن آلے
小吃店 — سنیک شاپ
人行道 — سلیپ
斑馬線 — زیبرا کراسنگ
垃圾箱 — بن
十字路口 — کراسنگ
紅綠燈 — ٹریفک لائیٹس

小屋
ہٹ

公寓
فلیٹ

火車站
ریل سٹیشن

市政廳
ٹاؤن ہال

博物館
میوزئیم

學校
سکول

大學

یونیورسٹی

銀行

بنک

醫院

ہسپتال

飯店

ہوٹل

藥房

فارمیسی

辦公室

دفتر

書店

کتب خانہ

商店

ہٹی

花店

پھلاں الے

超市

سپر مارکیٹ

市場

بازار

百貨商店

ڈیپارٹمنٹ سٹور

魚店

مچھیرے

購物中心

شاپنگ سینٹر

海港

بندرگاہ

12 城市 - شہر

公園
پارک

長凳
بنچ

橋
پل

樓梯
سیڑھیاں

捷運
انڈر گراؤنڈ

隧道
ٹنل

公車站
بس سٹاپ

酒吧
بار

餐館
ریسٹورنٹ

郵筒
پوسٹ بکس

路標
سٹریٹ سائن

停車計時器
پارکنگ میٹر

動物園
چڑیا گھر

游泳池
سوئمنگ پول

清真寺
مسجد

農場

فارم

污染

آلودگی

墓地

قبرستان

教堂

چرچ

操場

پلے گراؤنڈ

寺廟

مندر

地形

منظر

樹葉
پتہ

指示牌
سائن پوسٹ

路
راہ

草地
سر سبز میدان

石頭
پتھر

樹
درخت

徒步旅行者
ہائیکر

河
دریا

草
گھاس

花
پھل

峽谷

وادی

丘陵

پہاڑی

湖

نہر

森林

جنگل

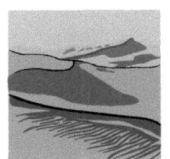

沙漠

صحرا

火山

آتش فشاں

城堡

قلعہ

彩虹

رین بو

蘑菇

کھمبی

棕櫚樹

پام ٹری

蚊子

مچھر

蒼蠅

مکھی

螞蟻

چیونٹا

蜜蜂

مکھی

蜘蛛

مکڑی

甲蟲

بھونرا

青蛙

مینڈک

松鼠

گلہری

刺蝟

سیہہ

野兔

ساھیا

貓頭鷹

الو

鳥

پرندہ

天鵝

راج ہنس

野豬

نر سور

鹿

ہرن

麋鹿

بارہ سنگا

水壩

ڈیم

風力發電機

ونڈ ٹربائن

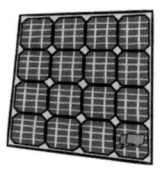

太陽能電池板

شمسی توانائی دا پینل

氣候

آب و ہوا

餐館
ریسٹورنٹ

服務生
ویٹر
菜譜
مینیو
椅子
کرسی
湯
سوپ
披薩餅
پیزا
پھانڈے
桌布
میز نا کپڑا

前菜
ٍسٹارٹر

主菜
مین کورس

甜點
ڈیزرٹ

飲料
مشروب

食物
کھانا

瓶子
بوتل

速食

فاسٹ فوڈ

街邊小吃

سٹریٹ فوڈ

茶壺

ٹی پاٹ

糖盒

شوگر بول

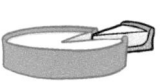

一份飯菜

پورشن

義式咖啡機

اسپریسو مشین

高腳椅

ہائی چئیر

帳單

بل

托盤

ٹرے

刀

چھری

餐叉

کنڈا

勺子

چمچ

茶匙

ٹی سپون

餐巾

تولیہ

玻璃杯

گلاس

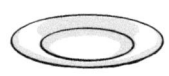

碟子

پلیٹ

湯盤

سوپ پلیٹ

碟子

ساسر

醬

چٹنی

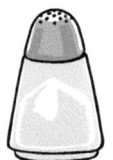

鹽瓶

نمک دانی

胡椒研磨罐

پیپر مل

醋

سرکہ

食用油

تیل

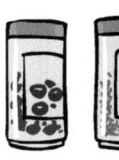

調味料

مصالحہ

番茄醬

کیچپ

芥末

سرہیئوں

美乃滋

مینیز

超市

سپر مارکیٹ

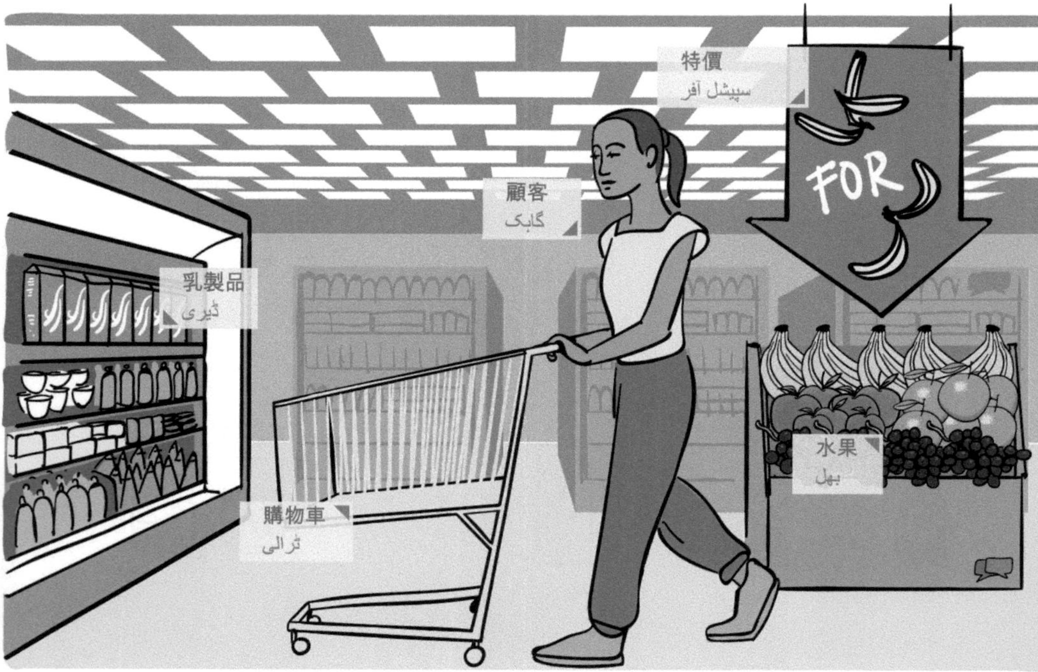

特價
سپیشل آفر
FOR
顧客
گاہک
乳製品
ڈیری
水果
پھل
購物車
ٹرالی

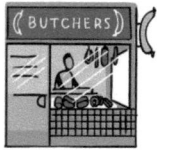

BUTCHERS

肉鋪

قصائی

BAKERY

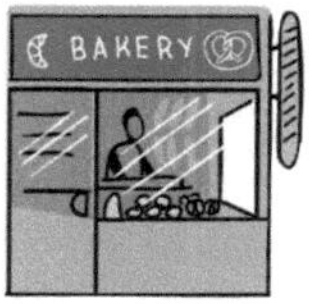

麵包店

بیکرز

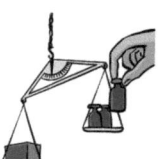

稱重

وزن

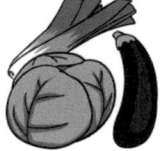

蔬菜

سبزیاں

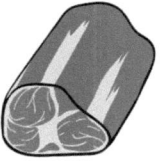

肉

گوشت

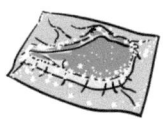

冷凍食品

فروزن فوڈ

冷盤

کولڈ گوشت

罐頭食品

ٹن فوڈ

洗衣粉

واشگ پوڈر

甜食

مٹھائی

日用品

کھار دیاں چیزاں

清潔用品

صفائی آلی چیزاں

銷售員

سیل مین

收銀機

ٹل

收銀員

کیشئیر

購物清單

شاپنگ لسٹ

開放時間

کھلن دا ویلا

錢包

پرس

信用卡

کریڈٹ کارڈ

袋子

بیگ

塑膠袋

پلاسٹک بیگ

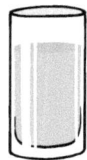

飲料

مشروب

水

پانی

果汁

جوس

牛奶

ددھ

可樂

کوک

紅酒

شراب

啤酒

شراب

酒

شراب

可可

کوکا

茶

چا

咖啡

کافی

義式濃縮咖啡

اسپریسو

卡布奇諾

کیپچینو

食物
کھانا

香蕉

کیلا

蘋果

سیب

柳丁

موسمبی

西瓜

تربوز

檸檬

نیمبو

胡蘿蔔

گاجر

大蒜

لہسن

竹子

بانس

洋蔥

پیاز

蘑菇

کھمبی

堅果

میوے

麵條

نوڈلز

義大利麵

سپیگیٹی

米飯

چاول

沙拉

سلاد

薯條

چپس

炸馬鈴薯

تلے ہوئے آلو

披薩餅

پیزا

漢堡

ہیم برگر

三明治

سینڈوچ

炸豬排

تکے

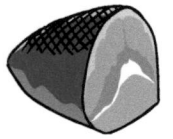

火腿

ہیم

義大利臘腸

سلامی

香腸

ساسج

雞肉

مرغی

烤肉

بھنیا ہویا

魚

مچھی

燕麥片

جو نا دلیہ

木斯里

مولی

玉米片

کارن فلیکس

麵粉

آٹا

牛角麵包

کرائسنٹ

麵包捲

بریڈ رول

麵包

روٹی

吐司

ٹوسٹ

餅乾

بسکٹ

奶油

مکھن

凝乳

دہی

蛋糕

کیک

蛋

انڈا

煎蛋

تلیا انڈا

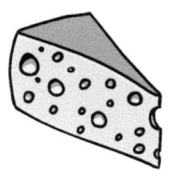

起司

پنیر

冰淇淋

آئس کریم

糖

چینی

蜂蜜

شہد

果醬

جام

巧克力醬

چاکلیٹ سپریڈ

咖哩

سالن

農場

فارم

糧倉
گودام
稻草捆
ونڈا
田野
馬
گھوڑا
拖拉機
ٹریکٹر
拖車
ٹرالی
馬駒
بچھیرا
驢
کھوتا
羊
羔羊
بھیڑ

山羊

بکری

奶牛

گاں

小牛

بچھڑا

豬

سور

小豬

پگ لیٹ

公牛

بیل

鵝

بطخ

鴨

بطخ

小雞

چوزه

母雞

مرغی

公雞

مرغا

鼠

چوہا

貓

بلی

老鼠

چوہا

牛

بیل

狗

کتا

狗屋

کتے نا کھار

花園澆水軟管

لان نا پائپ

澆水壺

پانی نا ڈبی

長柄大鐮刀

درانتی

犁

ہل

鐮刀

درانتی

鋤頭

ہو

長柄草耙

ترنگل

斧頭

کوہاڑی

獨輪手推車

ریڑھی

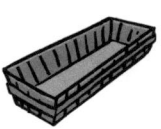

飼料槽

ڈونگا

牛奶罐

ددھ نا ڈبہ

麻布袋

بورا

柵欄

باڑ

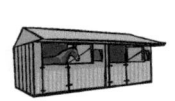

馬廄

اصطبل

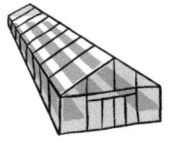

溫室

گرین ہاؤس

土壤

مٹی

種子

بیج

肥料

کھاد

聯合收割機

کمبائن ہارویسٹر

收割

فصل

收割

فصل

地瓜

یامز

小麥

کنک

大豆

سویا

土豆

آلو

玉米

مکئی

油菜籽

تلی

果樹

پهلدار درخت

樹薯

کاساوا

穀物

اناج

房子

کهار

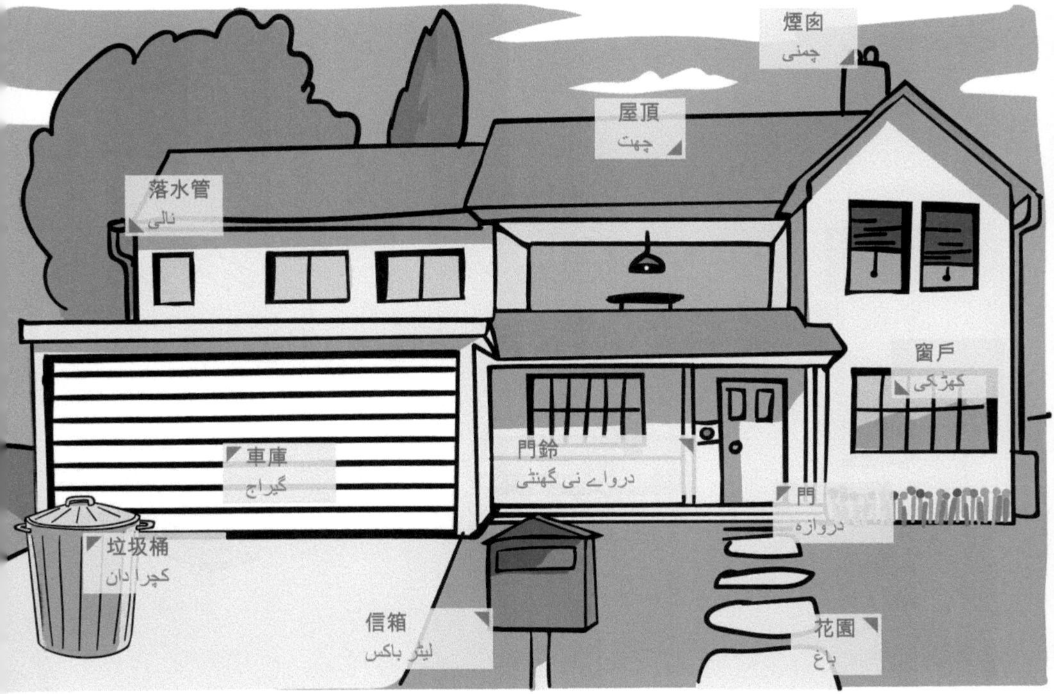
煙囪
چمنی
屋頂
چهت
落水管
نالی
窗戶
کهڑکی
車庫
گیراج
門鈴
دروائے نی گهنٹی
門
دروازه
垃圾桶
کچرا دان
信箱
لیٹر باکس
花園
باغ

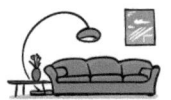

客廳

لونگ روم

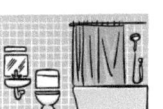

浴室

باته روم

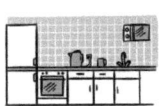

廚房

باورچہ خانہ

臥室

بیڈروم

兒童房

بچیاں نا کمره

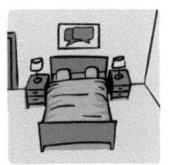

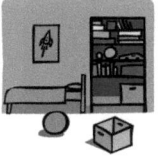

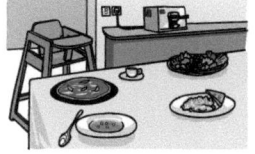

餐廳

ڈائننگ روم

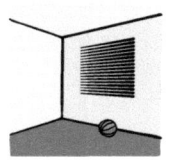

地板

فرش

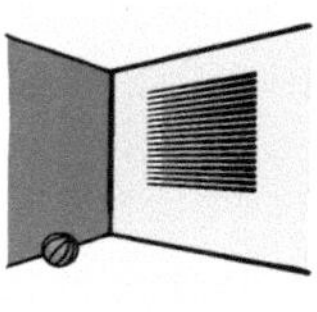

牆壁

دیوار

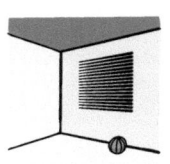

天花板

چھت

地窖

سلہا

三溫暖

سوانا

陽臺

بالکنی

露臺

ٹیرس

游泳池

پول

割草機

لان موور

被單

شیٹ

床罩

بیڈ سپریڈ

床

بیڈ

掃帚

جھاڑو

水桶

بالٹی

開關

سوئچ

客廳
لونگ روم

壁紙
وال پیپر
相片
تصویر
檯燈
لیمپ
擱架
شیلف
櫥櫃
الماری
電視
ٹیلیویژن
壁爐
آگ دان
花
墊子
کشن
沙發
صوفہ
花瓶
گلدان
遙控器
ریموٹ کنٹرول

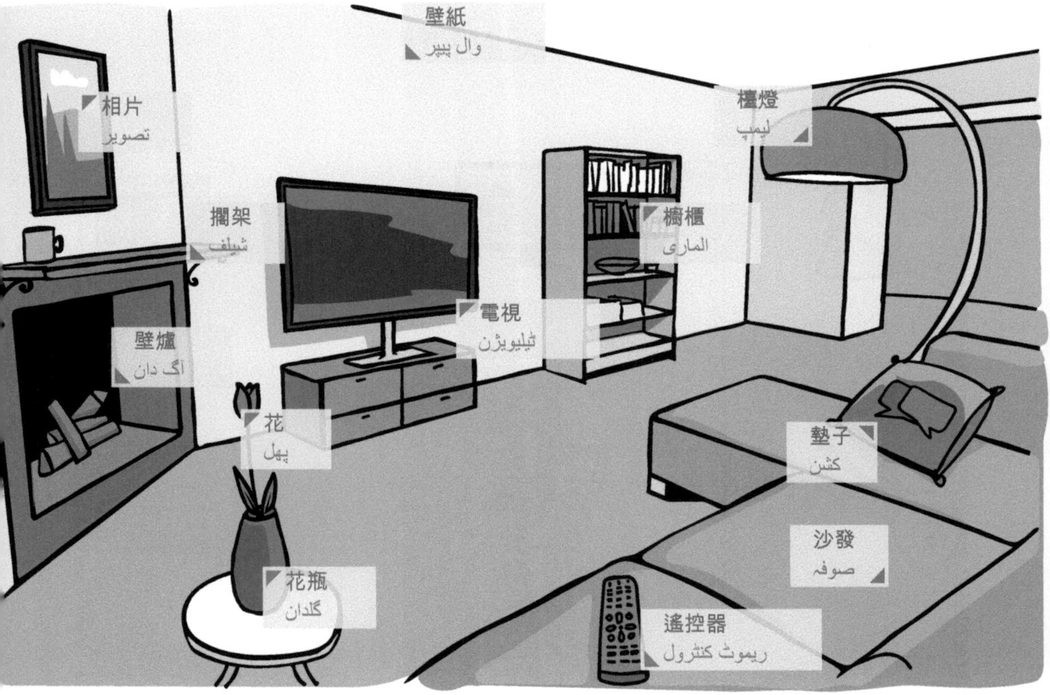

地毯
قالین

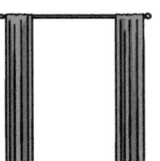

窗簾
پردے

餐桌
میز

椅子
کرسی

搖椅
راکنگ چئیر

扶手椅
آرم چئیر

書
کتاب

毯子
کمبل

裝飾品
ڈیکوریشن

木柴
کولے

電影
فلم

高傳真音響
ہائی فائی آلات

鑰匙
چابی

報紙
اخبار

油畫
پینٹنگ

海報
پوسٹر

收音機
ریڈیو

筆記本
نوٹ پیڈ

吸塵器
ہوور

仙人掌
کیکٹس

蠟燭
موم بتی

廚房

باورچہ خانہ

冰箱
فرج
微波爐
مائیکرو ویو اوون
کچن سکیل
烤麵包機
ٹوسٹر
洗潔精
صرف
烤箱
اوون
冰櫃
فریزر
垃圾桶
کچرا دان
洗碗機
پھانڈے دھون آلا

炊具

ککر

鍋

پاٹ

鑄鐵鍋

کاسٹ آئرن پاٹ

炒鍋

ووک / کدائی

平底鍋

پین

水壺

کیتلی

蒸鍋

سٹیمر

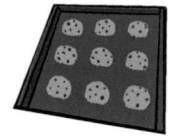

烤盤

بیکنگ ٹرے

陶瓷鍋

پھانڈے

馬克杯

مگا

碗

پیالہ

筷子

چوپ سٹکس

長柄勺

کرچھل

鏟子

اسپالی

攪拌器

پھینٹن آلا

濾網

چھننا

篩子

چھننی

磨碎機

جھاواں

研缽

کھان پکان آلا چمچہ

燒烤

باربی کیو

明火

چولہا

菜板

کٹنگ بورڈ

擀麵杖

رولنگ پن

開瓶器

کارک سکرو

罐子

کین

開罐器

کین کھولن آلا

隔熱手套

پاٹ پگڑن آلا

水槽

سنک

刷子

برش

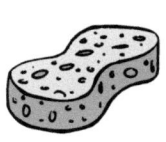

海綿

سپنج

攪拌機

بلینڈر

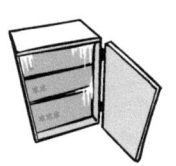

冷藏箱

ڈیپ فریزر

奶瓶

بچے نی بوتل

水龍頭

ٹوٹی

浴室

باتھ روم

شاور
供暖裝置
毛巾
تولیہ
浴簾
شاور کرٹن
泡沫浴
浴缸
نہان آلا ٹب
玻璃杯
گلاس
洗衣機
واشنگ مشین
水龍頭
ٹوٹی
瓷磚
ٹائل
便壺
پاخانہ
水槽
سنک

廁所

ٹوائلٹ

蹲便器

ٹوائلٹ

坐浴器

بڈٹ

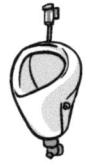

小便斗

پیشاب

廁紙

ٹوائلٹ پیپر

馬桶刷

ٹوائلٹ برش

牙刷

ٹوتھ برش

牙膏

ٹوتھ پیسٹ

牙線

ڈینٹل فلاس

洗

دھونا

手持式蓮蓬頭

ہتھ وچ پھڑن آلا شاور

沖洗器

شاور

洗臉盆

بیسن

洗背刷

بیک برش

肥皂

صابن

沐浴露

شاور جیل

洗髮乳

شیمپو

法蘭絨

فلالین

排水

نالی

乳霜

کریم

除臭劑

ڈیوڈرنٹ

鏡子

آئینہ

手鏡

ہتھ آلا شیشہ

刮鬍刀

استرا

刮鬍泡沫

شیونگ فوم

鬍後水

آفٹر سیو

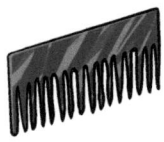

梳子

کنگھا

刷子

برش

吹風機

ہئیر ڈرائر

噴髮定型劑

ہئیر سپرے

化妝品

میک اپ

唇膏

لپ سٹک

指甲油

ناخن نی وارنش

化妝棉

کاٹن وول

指甲剪

ناخن کٹر

香水

پرفیوم

洗漱包

واش بيگ

凳子

پاخانہ

計重秤

وزن دا پيمانہ

浴袍

باتھ نی الماری

橡膠手套

ربر نے دستانہ

衛生棉條

بفر

衛生棉

تولیہ سٹینڈ

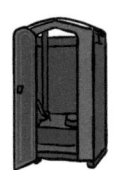

化學廁所

کیمیکل ٹوائلٹ

兒童房

بچیاں نا کمرہ

鬧鐘
الارم کلاک
毛絨玩具
کھڈونے
玩具車
کھڈونا گڈی
撥浪鼓
ھڑبھڑ
玩具屋
گڈی نا کھار
禮物
تحفہ

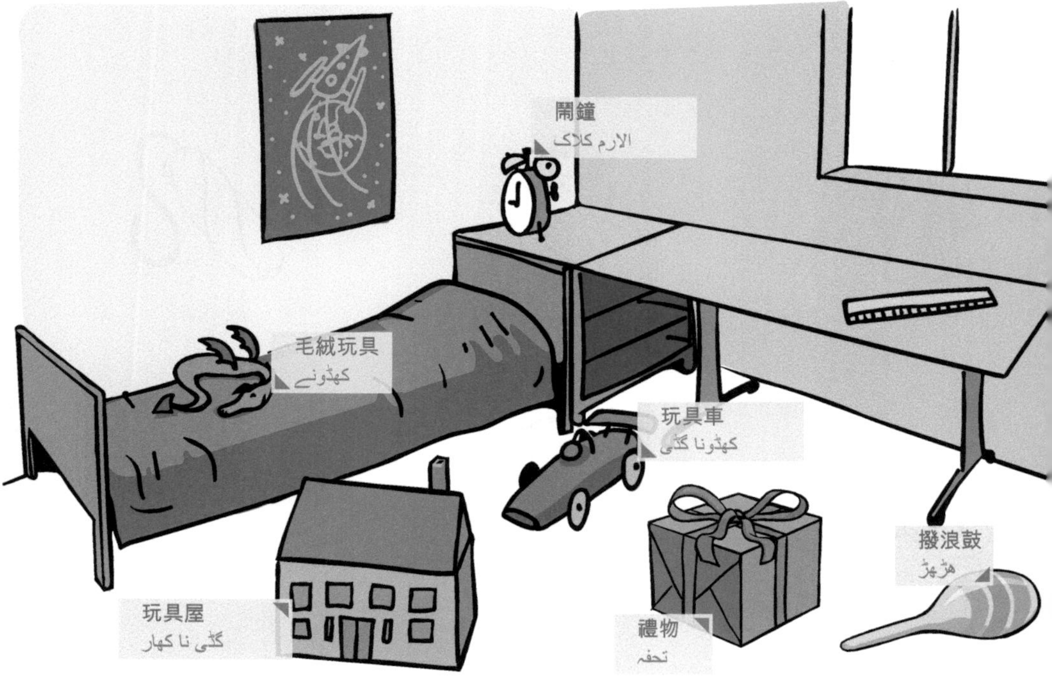

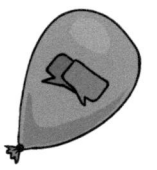

氣球

پھکانا

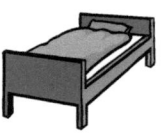

床

بیڈ

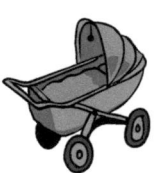

嬰兒車

پرام

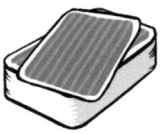

撲克牌

تاش نے پتے

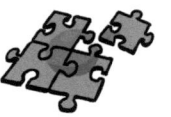

拼圖

جگ سا

漫畫

کامک

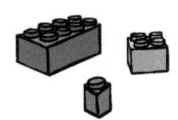

樂高積木

لیگو برکس

積木玩具

بلڈنگ بلاکس

公仔

کھڈونا

嬰兒服

بے بی گرو

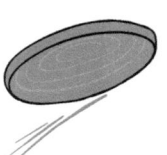

飛盤

فرزوی

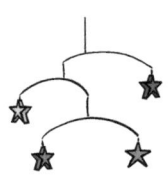

床鈴玩具

موبائل

棋盤遊戲

بورڈ گیم

骰子

ڈائس

火車模型

ماڈل ٹرن سیٹ

安撫奶嘴

ڈمی

派對

پارٹی

繪本

تصویری کتاب

球

گیند

洋娃娃

گڈی

玩

کھیڈنا

沙坑

سینڈ پٹ

鞦韆

جھولا

玩具

کھڈونے

電玩遊戲

ویڈیو گیم کنسول

三輪車

ٹرائی سائیکل

泰迪熊

ٹیڈی بئیر

衣櫃

الماری

衣服
کپڑے

襪子

جراباں

長襪

جراباں

緊身褲

ٹائٹس

圍巾
سکارف

雨傘
چھتری

T恤
ٹی شرٹ

皮帶
بیلٹ

靴子
بوٹ

拖鞋
سلیپر

運動鞋
جوگر

涼鞋
سینڈل

鞋
جوتی

雨靴
ربر نے جوتی

內褲
انڈر ونیر

胸罩
برا

背心
بنیان

衣服 - کپڑے 45

身體

جسم

褲子

پاجامہ

牛仔褲

جینز

短裙

سکرٹ

女式襯衫

برا

襯衫

قمیض

套頭衫

سوئیٹر

連帽上衣

ہوڈی

西裝夾克

کوٹ

夾克

جیکٹ

外套

کوٹ

雨衣

برساتی

套裝

کاسٹیوم

連衣裙

کپڑے

婚紗

شادی نا جوڑا

西裝

سوٹ

睡袍

راتے نے کپڑے

睡衣

پاجامہ

莎麗

ساڑھی

頭巾

سکارف

包頭巾

پگڑی

波卡

برقعہ

卡夫坦

کفتان

(阿拉伯式)長袍

برقعہ

泳衣

نہان والے کپڑے

男式泳褲

انڈروئیر

短褲

نیکر

運動服

ٹریک سوٹ

圍裙

دھوتی

手套

دستانے

鈕扣

بٹن

眼鏡

چشمہ

手鏈

بریسلیٹ

項鍊

ہار

戒指

انگوٹھی

耳環

کنڈے

便帽

ٹوپی

衣架

کوٹ ہینگر

帽子

ٹوپی

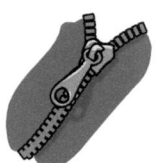

領帶

ٹائی

拉鍊

زپ

安全帽

ہیلمٹ

背帶

بریسز

校服

سکول نی وردی

制服

وردی

圍兜

بب

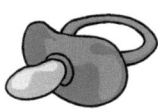

安撫奶嘴

ڈمی

尿布

ناپی

辦公室

دفتر

伺服器
سرور
檔案櫃
فائلاں نے الماری
印表機
پرنٹر
紙
کاغذ
螢幕
مانیٹر
滑鼠
ماؤس
میز
資料夾
فولڈر
鍵盤
کی بورڈ
廢紙簍
کچرے نا ڈبہ
電腦
کمپیوٹر
椅子
کرسی

咖啡杯

کافی مگ

計算機

کیلکولیٹر

網際網路

انٹرنیٹ

筆記型電腦

لیپ ٹاپ

信件

خط

簡訊

پیغام

行動電話

موبائل

網路

نیٹ ورک

影印機

فوٹو کاپئیر

軟體

سافٹ وئیر

電話

ٹیلیفون

插座

پلگ ساکٹ

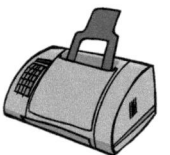

傳真機

فکس مشین

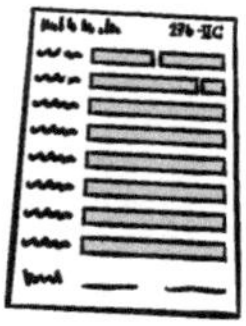

表格

فارم

檔案

دستاویزات

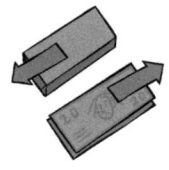

買

خریدنا

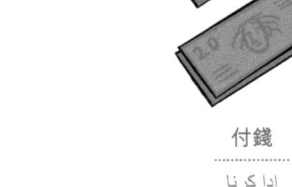

付錢

ادا کرنا

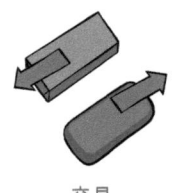

交易

تجارت

現金

پیسہ

美元

ڈالر

歐元

یورو

日元

ین

盧布

ربل

瑞士法郎

سویس فرانک

人民幣

رینمینبی یوان

盧比

روپیہ

提款處

کیش پوائنٹ

外幣兌換處

ایکسچینج دفتر

金

سونا

銀

چاندی

石油

تیل

能源

توانائی

價格

قیمت

合約

معاہدہ

稅金

ٹیکس

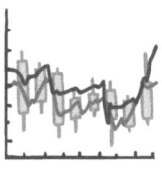

股票

سٹاک

工作

کم

職員

ملازم

老闆

آجر

工廠

فیکٹری

商店

ہٹی

職業

پیشہ

警官
پلس افسر
消防員
اگ بجھان آلا
廚師
کک
醫師
ڈاکٹر
飛行員
پائلٹ

園丁

مالی

木匠

برھئی

裁縫

درزن

法官

جج

化學家

کیمسٹ

演員

ایکٹر

公車司機

بس ڈرائیور

計程車司機

ٹیکسی ڈرائیور

漁夫

مچھیرا

清洗女工

صفائی آلی جنانی

屋頂工

روفر

服務生

ویٹر

獵人

شکاری

畫家

پینٹر

麵包師

بیکری آلا

電工

الیکٹریشن

建築工人

تعمیرات آلا

工程師

انجینئیر

屠夫

قصائی

水管工

پلمبر

郵差

پوسٹ مین

士兵

سپاہی

建築師

آرکیٹیکٹ

收銀員

کیشئیر

花農

پھلاں آلا

理髮師

نائی

售票員

کنڈکٹر

機械技師

مکینک

船長

کپتان

牙醫

دندان ساز

科學家

سائنس دان

拉比

ربائی

伊瑪目

امام

和尚

راہب

牧師

انگریز

工具

ٹولز

鐵錘
ہتھوڑا
鉗子
پلائر
螺絲起子
سکریو ڈرائیور
扳手
سپینر
手電筒
ٹارچ

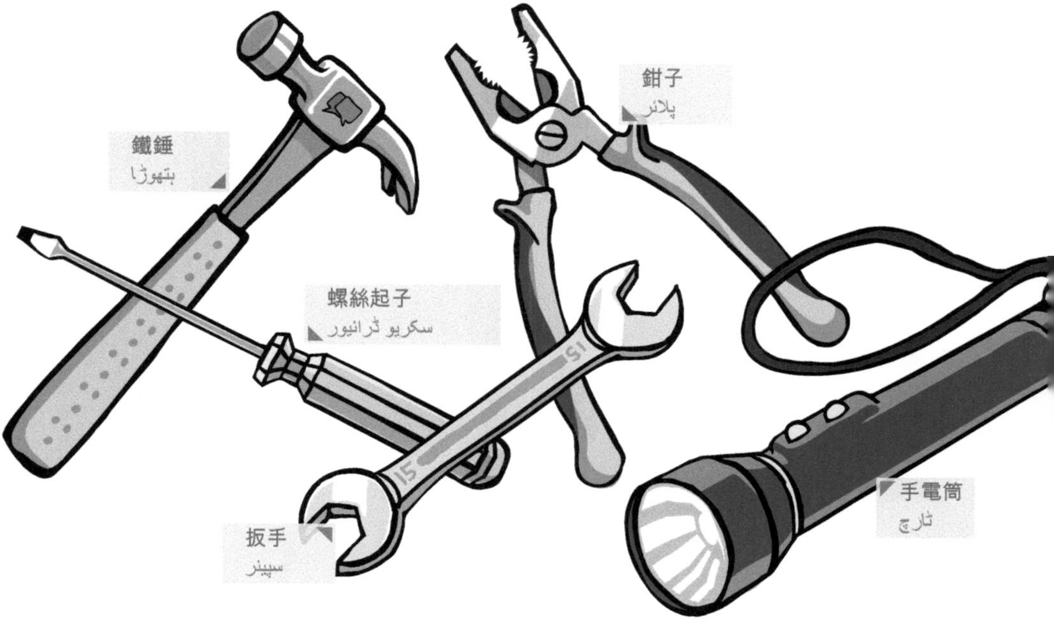

挖掘機

پھاوڑا

工具箱

ٹول باکس

梯子

سیڑھی

鋸子

آری

釘子

کیل

鑽機

ڈرل

修
....
مرمت

鏟子
....
شاول

糟糕！
....
لعنت!

畚箕
....
ڈسٹ پین

油漆桶
....
پینٹ پاٹ

螺絲
....
سکریوز

樂器
موسیقی نے آلات

揚聲器
لاوڈ سپیکر

打擊樂器
ڈرم کٹ ◄

吉他
گٹار ◄

▲ 低音提琴
ڈبل بیس

小號
نرسنگے

鋼琴

پیانو

小提琴

وائلن

貝斯

بیس

定音鼓

ٹمپانی

鼓

ڈرمز

電子琴

کی بورڈ

薩克斯風

سیگزو فون

長笛

بانسری

麥克風

مائکروفون

58 樂器 - موسیقی نے آلات

動物園

چڑیا کھار

入口
داخلہ
老虎
چیتا
籠子
پنجرہ
斑馬
زیبرا
جانوراں دا کھانا
熊貓
پانڈا

動物

جانور

大象

ہاتھی

袋鼠

کینگرو

犀牛

گینڈا

大猩猩

گوریلا

熊

ریچھ

駱駝

اونٹ

鴕鳥

شترمرغ

獅子

شیر

猴子

باندر

紅鶴

فلیمنگو

鸚鵡

طوطا

北極熊

برفانی ریچھ

企鵝

پینگوئین

鯊魚

شارک

孔雀

مور

蛇

سپ

鱷魚

مگرمچھ

動物園管理員

چڑیا گھر دا رکھوالا

海豹

سیل

美洲豹

جیگوار

矮種馬

پونی

豹

لیپرڈ

河馬

ہپو

長頸鹿

زرافہ

老鷹

چیل

野豬

نر سور

魚

مچھی

龜

کیچھوا

海象

والرس

狐狸

لومبڑ

羚羊

گیزل

體育

کھیڈنا

橄欖球
امریکن فٹابل
騎腳踏車
سائکلنگ
網球
ٹینس
籃球
باسکٹ بال
游泳
سوئیمنگ
拳擊
باکسنگ
冰球
آئس ہاکی

美式足球

فٹبال

羽毛球

بیڈ منٹن

田徑

ایتھلیٹکس

手球

ہینڈ بال

滑雪

سکیینگ

馬球

پولو

笑
بنسنا

擁抱
چھپی پانا

走路
چلنا

唱
گانا گانا

做夢
خواب

祈禱
دعا

親吻
بوسہ

桃
چھال مارنا

書寫
لکھنا

畫
لیک لانا

展示
وکھانا

推
دھکا

給
دینا

拿
لینا

有

ہے وے

做

کرنا

當

ہو

站

کھلونا

跑

دوڑنا

拉

چیھکنا

丟

سٹنا

摔倒

ٹھینا

躺

جھوٹ

等待

انتظار

攜帶

چکنا

坐

بیھنا

穿衣

کپڑے پانا

睡覺

سونا

醒來

جاگنا

看

ویکھنا

哭

رونا/چلانا

擊

سٹروک

梳頭

کنگھا

交談

گل کرنا

明白

سمجھنا

問

پوچھنا/دسنا

聽

سننا

喝

پینا

吃

کھانا

清理

تیار ہونا

愛

محبت

做飯

پکانا

開車

گڈی چلانا

飛

اڈنا

航行

سمندری سفر

計算

کیلکولیٹ

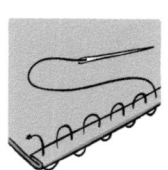

讀

پڑھنا

學習

سیکھنا

工作

کم

結婚

شادی

縫

سیونا

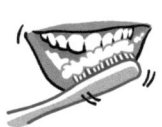

刷牙

دند صاف

殺

قتل

抽菸

دھواں

寄

بھیجنا

家

کنبہ

祖母
دادی
祖父
دادا
父親
پیو
母親
ماں
嬰兒
بچہ
女兒
دھی
兒子
پتر

客人

مہمان

阿姨

ماسی / پھو

叔叔

چاچا/ماما

兄弟

بھرا

姐妹

بہن

身體

جسم

前額
متھا
眼睛
اکھ
肩膀
منڈھے
手指
انگلی
臉
منہ
下巴
ٹھوڑی
手
ہتھ
乳房
چھاتی
腿
لت
手臂
بانہ

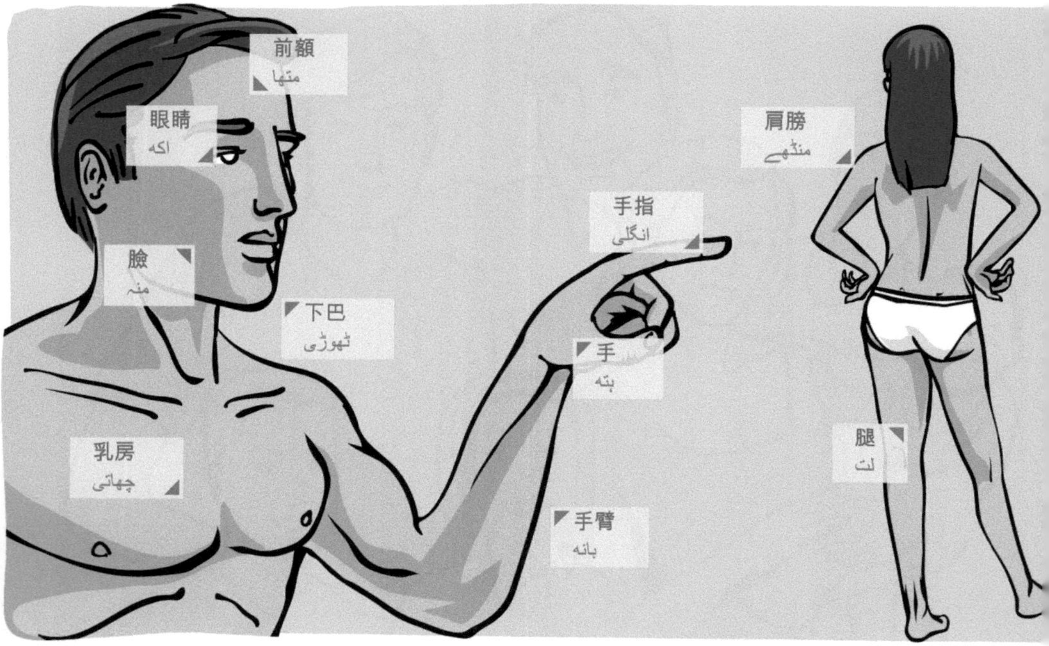

嬰兒

بچہ

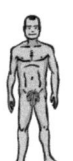

男人

بندہ

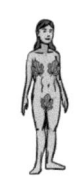

女人

جنانی

女孩

کڑی

男孩

مڑا

頭

سر

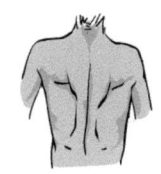

背部

کمر

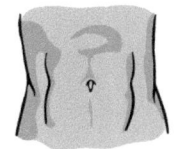

肚子

ٹھڈ

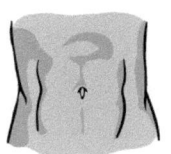

肚臍

تھنی

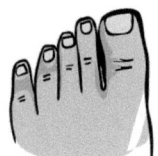

腳趾

پنجہ

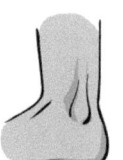

腳後跟

اڈی

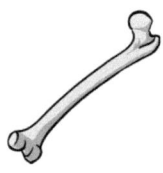

骨頭

ہڈہ

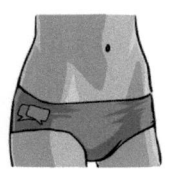

臀部

کولہے

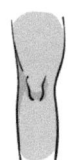

膝蓋

گوڈے

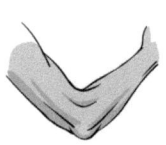

手肘

کہنی

鼻子

نک

屁股

زیر جامہ

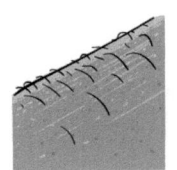

皮膚

کھل

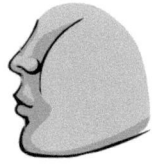

臉頰

گلاں

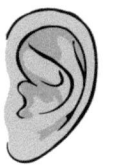

耳朵

کن

嘴唇

بل

嘴

منہ

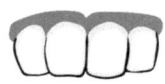

牙齒

دند

舌頭

زبان

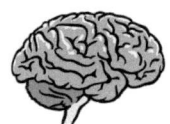

腦

دماغ

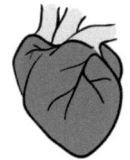

心臟

دل

肌肉

پٹھے

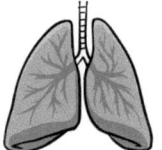

肺

پھیپڑے

肝臟

جگر

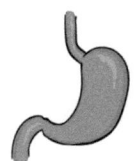

胃

ٹھڈ

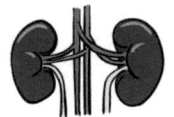

腎臟

گردے

性交

جنس

保險套

کنڈم

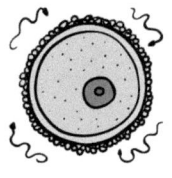

卵子

انڈے

精子

منی

懷孕

حمل

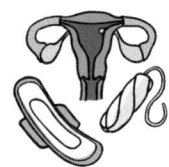

月事

حیض

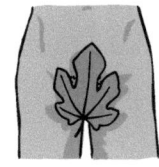

陰道

اندام نهانی

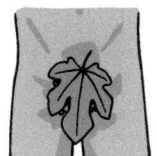

陰莖

عضو تناسل

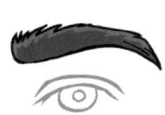

眉毛

بهوں

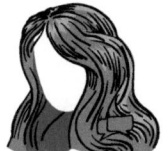

頭髮

بال

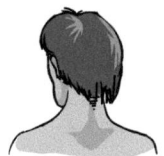

脖子

گردن

醫院

ہسپتال

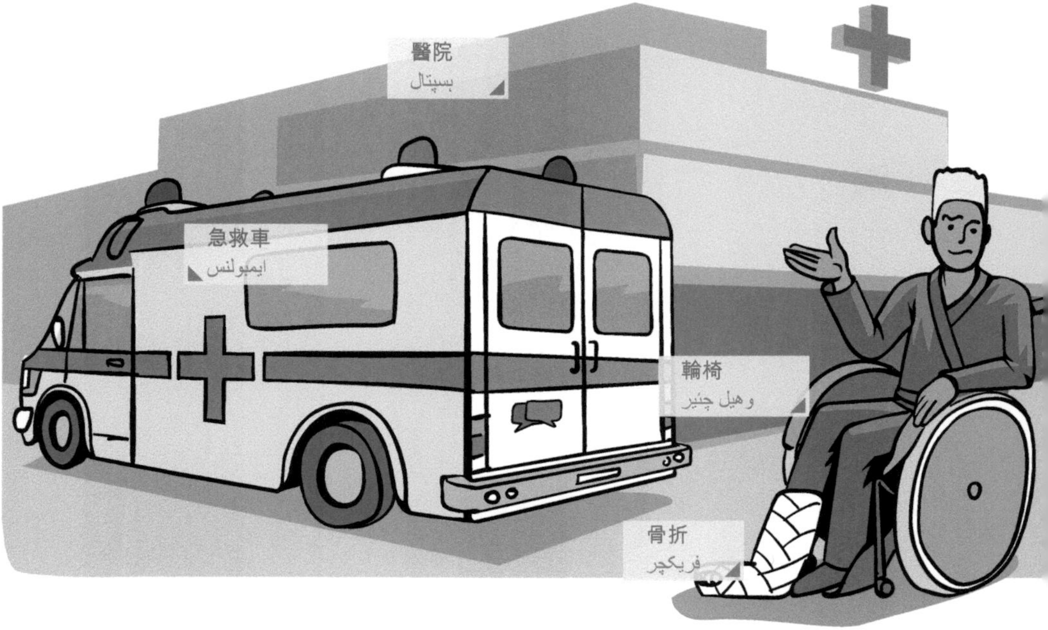

醫院
ہسپتال
急救車
ایمبولنس
輪椅
وھیل چئیر
骨折
فریکچر

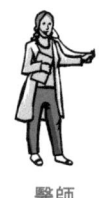

醫師

ڈاکٹر

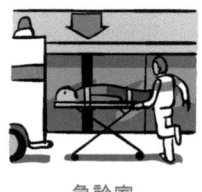

急診室

ہنگامی کمرہ

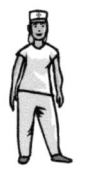

護理師

نرس

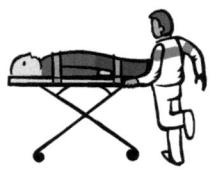

緊急情形

ایمرجنسی

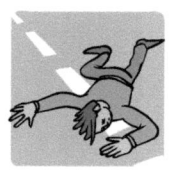

昏迷

بے ہوش

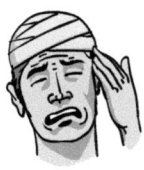

痛

درد

受傷

سٹ

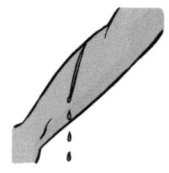

出血

خون نکلنا

心臟病發作

دل نا دورہ

中風

فالج

過敏

الرجی

咳嗽

کھنگ

發燒

تپ

流感

نزلہ

腹瀉

اسہال

頭痛

سر درد

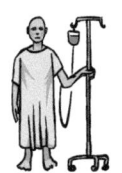

癌症

کینسر

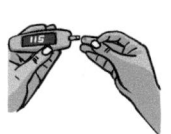

糖尿病

شوگر(ذیابطس)

外科醫師

سرجن

手術刀

سکیلپیل

手術

آپریشن

電腦斷層掃描

سی ٹی

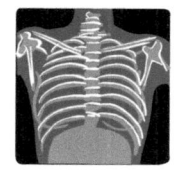

X光

ایکسرے

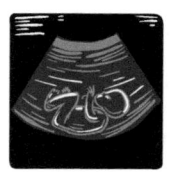

超音波

الٹرا ساؤنڈ

口罩

چہرہ نا ماسک

疾病

بماری

候診室

انتظار گاہ

拐杖

بیساکھی

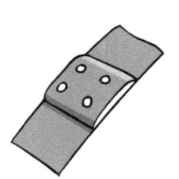

石膏

پلستر

繃帶

پٹی

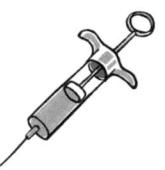

注射

ٹیکہ

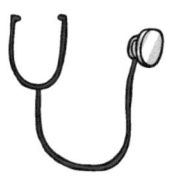

聽診器

سٹیتھوسکوپ

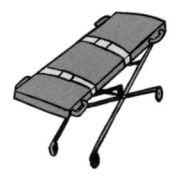

擔架

اسٹریچر

體溫計

کلینکل تھرمومیٹر

出生

پیدائش

超重

زائدالوزن

助聽器

سنن لئی آلہ

消毒液

جراثیم کش

感染

متعدی مرض

病毒

وائرس

愛滋病

HIV/AIDS

藥物

دوائی

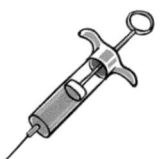

接種疫苗

ویکسینیشن

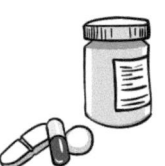

藥片

گولیاں

藥丸

گولی

急救電話

ہنگامی کال

血壓計

بلڈ پریشر مانیٹر

生病/健康

بیمار / صحتمند

緊急情形

ایمرجنسی

救命！

مدد!

警報

الارم

突擊

حملہ

攻擊

حملہ

危險

خطرہ

緊急出口

ہنگامی اخراج

失火了！

اگ!

滅火器

اگ بجاھن والا آلہ

意外

حادثہ

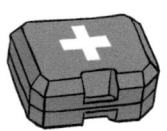

急救箱

فرسٹ ایڈ کٹ

呼救訊號

SOS

員警

پلس

地球

زمین

歐洲

یورپ

北美洲

شمالی امریکہ

南美洲

جنوبی امریکہ

非洲

افریقہ

亞洲

ایشیاء

澳洲

آسٹریلیا

大西洋

اٹلانٹک

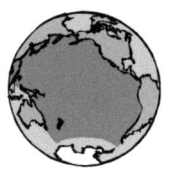

太平洋

پیسیفک

印度洋

بحیرہ ہند

南冰洋

بہیرہ انٹارکٹک

北冰洋

بہیرہ آرکٹیک

北極

قطب شمالی

南極

قطب جنوبی

南極洲

انتارکتیکا

地球

زمین

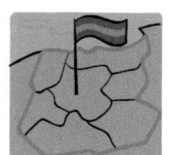

陸地

خشکی

海

سمندر

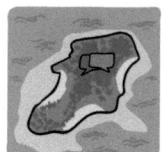

島

جزیره

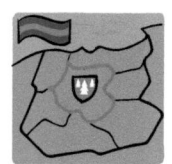

國家

قوم

州

ریاست

鐘錶

گھڑی

錶盤

کلاک فیس

時針

نکی سوئی

分針

وڈی سوئی

秒針

سیکنڈ ہینڈ

現在幾點？

کی ٹائم ہویا اے؟

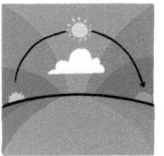

天

دن

時間

وقت

現在

ہون

電子錶

ڈیجیٹل گھڑی

分

منٹ

時

گھنٹہ

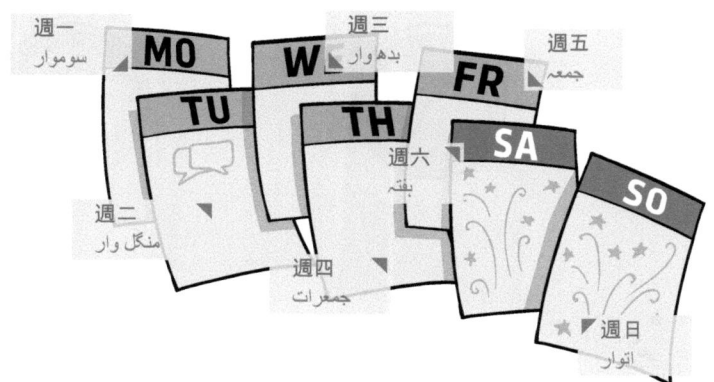

週

هفتہ

昨天

کل

今天

آج

明天

کل

早晨

سویر

中午

دوپہر

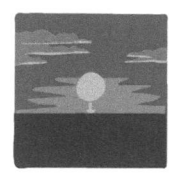

晚上

شام

工作日

کاروباری دن

週末

ویک اینڈ

雨
بارش
彩虹
رین بو
風
ہوا
雪
برف
春
بہار
夏
گرمی
秋
冬
سردی

天氣預告

موسمی پیشگوئی

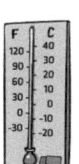

溫度計

تھرمامیٹر

陽光

سورج نے چمک

雲

بدل

霧

دھند

潮濕

نمی

閃電

بجلی کڑکنا

打雷

گرج

風暴

نهیری

冰雹

اولے

季風

ساون

洪水

سیلاب

冰

برف

一月

جنوری

二月

فروری

三月

مارچ

四月

اپریل

五月

مئی

六月

جون

七月

جولائی

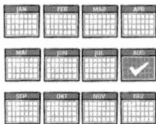

八月

اگست

九月
ستمبر

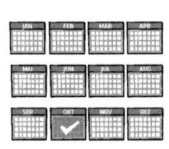

十月
اکتوبر

十一月
نومبر

十二月
دسمبر

形狀
شکلاں

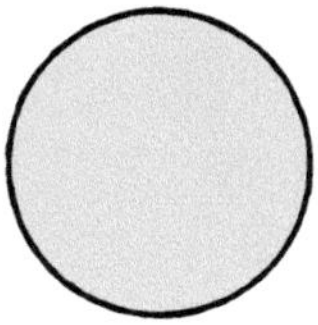

圓形
گول

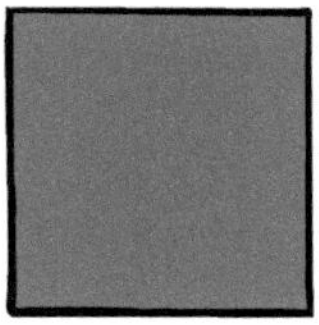

正方形
چوکور

長方形
مستطیل

三角形
مثلث

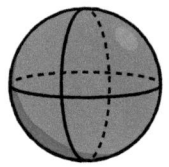

球體
دائرہ نما

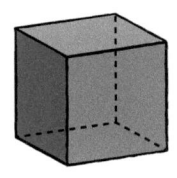

立方體
مکعب

顏色
رنگ

白

چٹا

黃

پیلا

橙

نارنجی

粉

گلابی

紅

رتا

紫

جامنی

藍

نیلا

綠

ہرا

棕

کتھئی

灰

سرمئی

黑

کالا

反義詞

مخالف

很多/少許

زیادہ / گھٹ

生氣/平靜

ناراض / پرسکون

美/醜

خوبصورت / بدصورت

首/尾

ابتداء / اختتام

大/小

وڈا / نکا

明/暗

روشن / نھیرا

兄弟/姐妹

بھرا / بہن

乾淨/骯髒

صاف / گندا

完整/缺失

مکمل / نا مکمل

白天/晚上

دن / رات

死/生

مردہ / اندہ

寬/窄

چوڑا / تنگ

可食用/非食用

خوردنی / ناقابل خوردنی

邪惡/善良

پھیڑا / چنگا

興奮/無聊

خوش / ناخوش

胖/瘦

موٹا / پتلا

第一/最後

پہلا / آخری

朋友/敵人

دوست / دشمن

滿/空

بھریا / خالی

硬/軟

سخت / نرم

重/輕

بھاری / ہلکا

餓/渴

بھوک / پیاس

生病/健康

بیمار / صحتمند

非法/合法

قانونی / غیر قانونی

聰明/愚笨

ذہین / بیوقوف

左/右

کھبا / سجا

近/遠

کولے / دور

新/舊

نواں / پرانا

沒有/有些

کجھ نئیں / سب کجھ

老/幼

بڈّھا / جوان

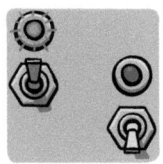

開/關

کھولنا / بند کرنا

打開/闔上

کھولنا / بند کرنا

安靜/吵鬧

خاموشی / شور

富/窮

امیر / غریب

對/錯

درست / غلط

粗糙/光滑

کھردرا / ہموار

傷心/高興

افسردہ / خوش

短/長

نکا / لما

慢/快

آہستہ / تیز

濕/乾

گیلا / خشک

溫暖/涼爽

گرم / ٹھنڈا

戰爭/和平

جنگ / امن

數字

اعداد

0	1	2
零	一	二
صفر	اک	دو
3	4	5
三	四	五
تن	چار	پنج
6	7	8
六	七	八
چه	ست	اٹه
9	10	11
九	十	十一
نو	دس	یاراں

12	13	14
十二	十三	十四
باراں	تیراں	چودا
15	16	17
十五	十六	十七
پندرہ	سولہ	ستاراں
18	19	20
十八	十九	二十
اٹھاراں	انیہ	وی
100	1.000	1.000.000
百	千	百萬
سو	ہزار	ملین

語言

بولی

英語

انگریزی

美式英語

امریکی انگریزی

普通話

چینی مینڈیرین

印地語

ہندی

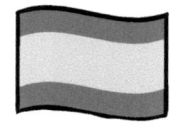

西班牙語

سپینش

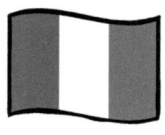

法語

فرینچ

阿拉伯語

عربی

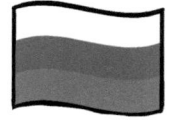

俄語

رشئین

葡萄牙語

پرتگالی

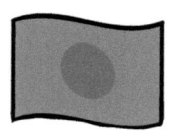

孟加拉語

بنگالی

德語

جرمن

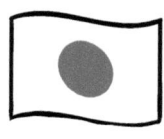

日語

جاپانی

誰/什麼/如何
کون/ کی / کیویں

我

میں

你

توں

他/她/它

وہ/وہ/ایہہ

我們

اسیں

你們

توں

他們

او

誰？

کون؟

什麼？

کی؟

如何？

کیویں؟

何處？

کتھے؟

何時？

کدوں؟

名字

ناں

方位

کتھے

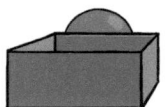

後面

پچھے

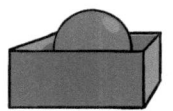

裡面

وچ

前面

نے سامنے

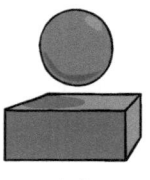

上方

تے

上面

تے

下麵

ہیٹ

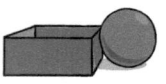

旁邊

سوا

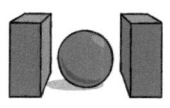

中間

مابین

地點

جگہ